www.ingramcontent.com/pod-product-compliance
Lightning Source LLC
Chambersburg PA
CBHW081730220526
45468CB00008B/2046
* 9 7 8 1 7 9 0 3 5 1 6 9 5 *